AF591941

N° 1

TABLE PERPÉTUELLE

DES

TEXTES LÉGISLATIFS

PAR

E. LEFRANÇOIS
Docteur en Droit
Avocat à la Cour d'Appel de Grenoble

Publication trimestrielle de mise au courant paraissant en janvier, avril, juillet et octobre

PAR

E. SCHAFFHAUSER
Avocat, Docteur en Droit
Directeur des « Lois Nouvelles »

Avec la Collaboration de **H. CHEVRESSON,** Avocat à la Cour d'Appel de Paris

AVIS IMPORTANT

A partir du 1er avril 1903, la TABLE PERPÉTUELLE comprendra, sous chaque mot important, l'indication de tous les ouvrages parus depuis 1880 sur la matière faisant l'objet de ce mot. Cette bibliographie sera tenue au courant, comme la législation, par l'envoi de fiches nouvelles au fur et à mesure de la publication d'ouvrages nouveaux.

Nos abonnés connaîtront ainsi, sur chaque question, la liste de tous les ouvrages publiés depuis 1880.

Toute la bibliographie, à partir de 1880, sera envoyée avec le service d'avril prochain.

Le prix de la Table et de l'abonnement de mise au courant ne sera pas augmenté pour les abonnés actuels, ainsi que pour tous les souscripteurs qui nous feront parvenir leur adhésion jusqu'au 1er avril 1903.

Plusieurs de nos abonnés nous ayant manifesté le désir de recevoir un second relieur pour la Table, nous nous empressons de les informer que le prix d'un relieur est de 2 francs pris dans nos bureaux, et de 3 francs expédié franco.

Le service de fiches de janvier 1903 comprend la législation depuis octobre 1902, il s'arrête au n° des *Lois Nouvelles* du 15 décembre 1902 inclus et aux *Cahiers* (inclus) *du Sirey* n° 10 de 1902, du *Dalloz* n° 20 de 1902, des *Pandectes françaises* n° 11 de 1902 et au 1er semestre 1902 de la *Gazette du Palais*.

Voir ci-contre la liste des fiches envoyées.

PARIS
AUX BUREAUX DES LOIS NOUVELLES
31 *bis*, Rue du Faubourg-Montmartre, 31 *bis*

1903

{S, 31 *bis*, rue du Faubourg-Montmartre, PARIS

LES LOIS NOUVELLES

REVUE DE LÉGISLATION ET DE JURISPRUDENCE

ÉMILE SCHAFFHAUSER

AVOCAT, DOCTEUR EN DROIT, RÉDACTEUR EN CHEF

H. CHEVRESSON, Secrétaire de la Rédaction

ABONNEMENT ANNUEL : PARIS ET DÉPARTEMENTS, **15 fr.** — ÉTRANGER, **18 fr.**

Tout souscripteur à la « Table perpétuelle » a le plus grand intérêt à souscrire également un abonnement aux « Lois Nouvelles ». En effet ce recueil publie les commentaires et le texte des lois et décrets dès leur promulgation, ce que *sa périodicité très rapprochée lui permet de faire aisément*, à la différence des autres recueils, dans lesquels les textes paraissent tardivement. D'autre part, il suffit de se reporter à la *Table perpétuelle* pour se rendre compte que *tous les textes sont publiés dans les « Lois Nouvelles »*, tandis qu'ils sont l'objet d'une sélection dans les autres recueils. Enfin, la « Table perpétuelle » *renvoie à tous les commentaires des lois* publiés dans la revue des *Lois Nouvelles*.

Les LOIS NOUVELLES sont absolument indispensables à toute personne qui désire être tenue au courant de l'évolution législative.

Les **Lois Nouvelles** comprennent quatre parties formant des fascicules séparés, ayant chacun une pagination spéciale qui permet de les réunir à la fin de l'année.

Les *Lois Nouvelles* paraissent le **1er et le 15** de chaque mois. Chaque numéro comprend **soixante-quatre pages.**

La **1re partie,** intitulée **Revue de Législation,** comprend le commentaire de toutes les lois nouvelles présentant un intérêt général. Toute loi importante **est commentée deux fois.** Un premier commentaire paraît **dès la promulgation de la loi,** un second est publié aussitôt que la jurisprudence et la doctrine se sont fixées sur son application.

La **2e partie,** intitulée **Revue des Travaux législatifs,** comprend l'étude des travaux parlementaires. Tout projet de loi important est analysé et apprécié en un article spécial.

Enfin, le 15 de chaque mois, paraît **un tableau,** comprenant, par ordre alphabétique, l'indication des travaux parlementaires effectués dans les deux Chambres pendant le **mois précédent.**

La **3e partie,** intitulée **Lois et Décrets,** renferme non seulement tous les textes d'intérêt général, mais encore les circulaires ministérielles relatives à leur application, et se trouve être ainsi **le supplément le plus complet de tous les Codes.**

Les textes paraissent toujours **dans la quinzaine de leur promulgation.** Ils sont annotés quand leur importance le comporte.

La **4e partie,** intitulée **Revue de Jurisprudence,** publie des études de jurisprudence sur toutes les lois nouvelles.

La collection des *Lois Nouvelles* comprenant les années 1891-1902 au prix de **80 francs,** avec la table générale des matières de l'origine à l'année 1900 inclus.

Le paiement a lieu au gré du souscripteur. Il est fait un escompte de 10 0/0 au cas de paiement comptant.

L'envoi a lieu franco, expédition et recouvrement.

V. à la page suivante la liste des fiches comprises dans ce service. — V. égalemenl un avis important.

C. 10 août 1901.

L. N. 1902-3-15.
Prix de la journée dans les établissements hospitaliers.

D. 4 décembre 1901.

L. N. 1902-3-1. — *J. off.* du 14 décembre 1901.
Prorog. au 31 décembre 1904 le tarif établi par la caisse nationale d'assurances en cas d'accidents, annexé au D. 14 août 1900.

L. 22 mars 1902.

L. N. 1902-3-121. — D. P. 1902-4-33. — S. 1902-305. — P. F. 1902-3-65. — *J. off.* du 27.
Modif. divers articles de la L. 9 avril 1898.

D. 23 mars 1902.

L. N. 1902-3-124. — D. P. 1902-4-39. — S. 1902-312. — P. F. 1902-3-69. — *J. off.* du 27.
Rel. à l'exécut. des art. 11 et 12, L. 9 avril 1898, modif. par la L. 22 mars 1902 (déclarat. d'accidents).

C. 23 mars 1902.

L. N. 1902-3-125. — D. P. 1902-4-40. — P. F. 1902-3-105. — *J. off.* du 27.
Du min. Comm., sur l'applic. des art. 11 et 12 ci-dessus.

D. 10 mai 1902.

P. F. 1902-3-152. — *J. off.* du 13.
Du min. Comm., modif. l'arrêté 1er mars 1899 (organisat. du Comité consultat. des assur. contre les accid. du trav.)

AGRICULTURE 3

V. aussi Mérite agricole. — Warrants.

D. 27 août 1902.

L. N. 1902-3-347. — *J. off.* du 4 septembre.
Rel. à l'organisation des enquêtes agricoles.

ALGÉRIE 22

D. 29 mars 1902.

L. N. 1902 3-129. — D. P. 1902-4-80. — P. F. 1902-3-105. — *J. off.* du 31.

Organ. les trib. répressifs indigènes en Algérie.

D. 31 mars 1902.

L. N. 1902-3-159. — P. F. 1902-3-143. — *J. off.* du 3 avril.

Créant, en Algérie, et réglem. des Chambres d'agriculture.

L. 7 avril 1902.

D. P. 1902-4-93. — *J. off.* du 9.

Autor. l'Algérie à contracter un emprunt de 50 millions de fr.

D. 16 avril 1902.

P. F. 1902-3-107. — *J. off.* du 21.

Soumettant les indigènes nommés ou promus dans la Légion d'honneur à toutes les conditions imposées aux citoyens français par les statuts.

D. 12 mai 1902.

L. N. 1902-3-213. — P. F. 1902-3-152. — *J. off.* du 14.

Portant modific. à l'assiette de l'impôt des licences en Algérie.

D. 28 mai 1902.

L. N. 1902-3-215. — D. P. 1902-4-89. — S. 1902-380. — G. P. 1902-1-864. — *J. off.* du 30.

Organ. les trib. répressifs indigènes en Algérie (modif. l'art. 1er, D. 29 mars 1902).

2e D. 28 mai 1902.

L. N. 1902-3-237. — *J. off.* du 3 juin.

Portant règlement de la circulation des automobiles en Algérie.

D. 17 juin 1902.

L. N. 1902-3-245. — P. F. 1902-3-176. — *J. off.* du 21.

Réglem. d'admin. publ., en exécut. de l'art. 4, L. 19 déc. 1900, sur la répartition entre l'Algérie et la métropole de la charge des pensions des fonctionnaires et agents coloniaux.

D. 29 juillet 1902.

L. N. 1902-3-330. — P. F. 1902-3-184. — *J. off.* du 24 août.

Rel. à l'imposition des vins de liqueurs en Algérie.

ALGÉRIE 23

D. 14 août 1902.

L. N. 1902-3-334. — *J. off.* du 23.
Portant réorganisat. du service des travaux publics de l'Algérie.

D. 20 août 1902.

L. N. 1902-3-330. — P. F. 1902-3-189. — *J. off.* du 24 août.
Rel. à l'imposition des vins de liqueurs à l'octroi de mer en Algérie.

D. 21 août 1902.

L. N. 1902-3-331. — P. F. 1902-3-189. — *J. off.* du 24 août.
Rel. à la perception en Algérie des droits de consommation et d'octroi de mer sur les vins de liqueurs.

D. 8 novembre 1902 (3 textes).

L. N. 1902-3-412. — *J. off.* du 27.

1° Imposition des alcools dénaturés en Algérie (modif. le 2e D. 7 août 1900).

2° Supprim. la taxe d'octroi de mer perçu en Algérie sur les alcools dénaturés.

3° Rel. à l'imposition de l'alcool en Algérie.

ARMÉE 18

L. 6 mars 1902.

P. F. 1902-3-95. — *J. off.* du 9.
Modif. la liste jointe au D. 4 juillet 1890, portant réglem. d'admin. pub. pour l'exécut. de la L. 18 mars 1889 rel. au rengagem. des sous-off.

L. 7 mars 1902.

D. P. 1902-4-91. — *J. off.* du 9.
Régl. la situat. des contrôleurs d'armes.

L. 11 mars 1902.

L. N. 1902-3-115. — D. P. 1902-4-91. — P. F. 1902-3-31. — G. P. 1902-1-862. — *J. off.* du 15 mars.
Modif. le parag. 2 du 3e alinéa de l'art. 23, L. 15 février 1889 (suppr. les mots d'*Aix*, d'*Angers* et de *Châlons*).

L. fin. 30 mars 1902.

L. N. 1902-3-130. — D. P. 1902-4-60. — S. 1902-415. — P. F. 1902-3-70. — *J. off.* du 30. — V. Commentaire *Lois nouv.* 1902-1-229.
Art. 65 : Constit. des corps de troupes sahariens.

L. 7 avril 1902.

L. N. 1902-3-175. — D. P. 1902-4-88. — *J. off.* du 11.
Dispens. les sapeurs-pompiers des périodes d'exercices militaires de l'armée territoriale.

L. 7 avril 1902.

D. P. 1902-4-88. — *J. off.* du 10.
Réglem. la situation du personnel des chefs de musique de l'armée.

D. 3 juin 1902.

P. F. 1902-3-182. — *J. off.* du 10.
Portant réorganisat. du service de la télégraphie militaire.

ASSOCIATION (CONTRAT D') 2

C. 10 mars 1902.

L. N. 1902-3-248.

Congrégat. rel. ; applicat. de la L. 1er juillet 1901 ; demandes d'autorisation ; renseignem. demandés par les parquets ; avis de s'adresser aux préfets.

C. 20 juin 1902.

L. N. 1902-3-330.

Liquidat. des biens des congrégations ; frais de justice ; recouvrement ; greffiers ; états de liquidation.

C. 10 juillet 1902.

L. N. 1902-3-195.

Congrégat. non autor. ; frais de justice ; avances aux liquidateurs.

D. 28 novembre 1902.

L. N. 1902-3-411. — *J. off.* du 29.

Modif. le D. 16 août 1901, portant réglem. d'admin. pub. pr. l'exécut. de la L. 1er juillet 1901.

L. 4 décembre 1902.

L. N. 1902-3-411. — *J. off.* du 5. — V. Commentaire *Lois nouv.* 1903-1-1.

Tendant à réprimer le fait d'ouverture ou de tenue sans autorisat. d'un établissem. congréganiste.

ASSURANCE 2

L. 4 juillet 1900.

L. N. 1900-3-245. — D. P. 1900-4-82. — S. 1901-110. — P. F. 1901-3-65. — *J. off.* du 9 juillet 1901. — V. Commentaire *Lois nouv.* 1901-1-430.

Relative à la Constitution des Sociétés ou caisses d'assurances mutuelles agricoles.

D. 10 juillet 1901.

L. N. 1901-3-188. — S. 1902-327. — P. F. 1902-3-192. — G. P. 1901-2-745. — *J. off.* du 14 juillet 1901.

Modif. le D. 22 janvier 1888 portant réglem. d'admin. pr. la constit. des Sociétés d'assurances.

L. 2 janvier 1902.

L. N. 1902-3-14. — D. P. 1902-4-26. — S. 1902-329. — P. F. 1902-3-191. — G. P. 1902-1-857. — *J. off.* du 3 janvier. — V. Commentaire *Lois nouv.* 1902-1-262.

Rel. à la compétence en matière d'assurances.

AUTOMOBILES 2

A. 11 septembre 1901.

L. N. 1901-3-242. — D. P. 1902-4-24. — S. 1901-239. — P. F. 1902-3-10. — G. P. 1901-2-749. — *J. off.* du 13.
Réglementant la circulation des automobiles.

C. 11 septembre 1901.

L. N. 1901-3-242. — D. P. 1902-4-24. — S. 1901-239. — P. F. 1902-3-10. — G. P. 1901-2-749. — *J. off.* du 13.
Du min. des trav. publ. — Applic. du D. 10 sept. 1901.

A. 12 décembre 1901.

L. N. 1902-3-3. — P. F. 1902-3-90. — *J. off.* du 13.
Modif. l'art. 2 de l'arrêté du 11 sept. 1901 (réglem. les dimensions des plaques indicatrices des automobiles).

C. 16 décembre 1901.

L. N. 1902-3-8. — P. F. 1902-3-13. — *J. off.* du 18.
Sur l'applic. des D. 10 mars 1899 et 10 septembre 1901 (automobiles mis en circulat. par les constructeurs à titre d'essai).

C. 15 mai 1902.

L. N. 1902-3-214. — P. F. 1902-3-160. — *J. off.* du 16.
Du min. des trav. publ. aux préfets. — Procédure pour l'applic. du D. 10 mars 1899, art. 8 (réglem. la circulation des auto.).

C. 6 septembre 1902.

L. N. 1902-3-382.
Du min. int. — Circulation des automobiles ; pouvoirs de réglementation des maires. Avis du Conseil d'Etat annexé (18 mars 1902).

L. 25 février 1901.

L. N. 1901-3-35. — D. P. 1901-4-33. — S. 1901-140. — P. F. 1902-3-33. — G. P. 1901-1-5. — *J. off.* du 26. — V. Commentaire *Lois nouv.* 1901-1-189 et 321.

Fixation du budget génér. des dépenses et recettes de l'exercice 1901.

L. 1er juillet 1901.

L. N. 1901-3-163. — D. P. 1902-4-19. — S. 1902-404. — *J. off.* du 3.

Concernant les dépenses de l'expédition de Chine.

L. 10 juillet 1901.

L. N. 1901-3-175. — D. P. 1902-4-57. — S. 1902-409. — *J. off.* du 11.

Contrib. dir. et taxes assimilées de l'exercice 1902.

L. 26 décembre 1901.
L. 25 février 1902.

L. N. 1902-3-12. — D. P. 1902-4-59. — S. 1902-413 et 415. — *J. off.* des 26 déc. 1901 et 25 février 1902.

Crédits provisoires ; janvier-février 1902 et mars 1902.

L. 30 mars 1902.

L. N. 1902-3-130. — D. P. 1902-4-60. — S. 1902-415. — P. F. 1902-3-70. — *J. off.* du 30. — V. Commentaire *Lois nouv.* 1902-1-229.

Fixant le budget gén. des dépenses et des recettes de l'exercice 1902.

L. 16 juillet 1902.

L. N. 1902-3-320. — P. F. 1902-3-174. — *J. off.* du 19.

Contrib. dir. et taxes assimilées de l'exercice 1903.

BUREAUX DE BIENFAISANCE

Av. Cons. d'État 24 mars 1880.

S. 1880-625.
Etendue des droits et prérogat. en matière de quêtes et souscript.

Av. Cons. d'État 7 juillet 1881.

S. 1882-356.
Etendue et limitat. des droits en matière de legs.

Av. Cons. d'État 9 et 30 mai 1895.

S. 1896-42.
Libéralités faites en faveur des pauvres dans les communes où il n'existe pas de Bureau de bienfaisance.

Avis Cons. d'État 6 septembre 1899.

S. 1901-206.
Condit. de validit. des délibér. des commiss. admin.

D. 8 octobre 1899.

L. N. 1899-3-216. -- S. 1901-206. — *J. off.* du 15.
Gestion financière des Bureaux de bienfaisance et des Bureaux d'assistance.

CAISSES D'ÉPARGNE 2

(postales et municipales).

C. 12 février 1892.

L. N. 1892-3-54. — P. F. 1893-3-84.
Dépôt de fonds par les Syndic. profess. à la Caiss. nation. d'Épargne.

L. 3 février 1893.

L. N. 1893-3-40. — D. P. 1893-4-59. — S. 1893-548. — P. F. 1893-3-95. — *J. off.* du 4.
Complét. les art. 419 et 420 C. pén. (bruits faux ou calomn. pr. provoq. des retraits de fonds des Caisses publiq.).

L. 20 juillet 1895.

L. N. 1895-3-141. — D. P. 1896-4-1. — S. 1895-1153. — P. F. 1897-3-1. — *J. off.* du 6 août. — V. Commentaire *Lois nouv.* 1895-1-367 et 1896-1-73.
Loi sur les Caisses d'épargne.

C. 24 juillet 1895.

L. N. 1895-3-187. — S. 1895-1168.
Sur l'exécut. de ce texte.

C. 19 février 1896.

L. N. 1896-3-134.
Même objet.

D. 20 septembre 1896.

L. N. 1896-3-183. — D. P. 1897-4-90. — S. 1897-237. — P. F. 1897-3-96.
Contrôle et vérificat. des opérat. des Caisses d'épargne.

C. 10 mars 1897.

L. N. 1897-3-73. — P. F. 1897-3-76.
Applicat. de l'art. 10 de la L. 20 juillet 1895 ; prêts aux Sociétés de construct. d'habit. à bon marché.

D. 27 décembre 1899.

S. 1901-235. — *J. off.* du 19 janvier 1900.
Remise par la Cour des comptes, des pièces justificativ. de remboursem.

CAISSES D'ÉPARGNE 3

(postales et municipales).

C. 8 février 1900.

L. N. 1900-3-177.
Délivrance des certific. de prop. relatifs au retrait des fonds versés dans les Caisses d'épargne.

Avis cons. d'État, 3 avril 1900.

S. 1902-401.
Caisses d'épargne : 1° mandats de traitem. aux employés et factures des fournisseurs; timbre quittance; exigibilité; 2° factures et 3° procurations à des tiers par les déposants; établissement sur timbre non exigé.

Note Chanc. janvier-février 1901.

L. N. 1901-3-290.
Notaire; certificats de propriété; femme mariée; régime matrimonial.

L. 6 avril 1901.

L. N. 1901-3 104. — D. P. 1901-4-76. — S. 1902-375. — P. F. 1901-3-125. — *J. off.* du 17.
Relative aux retenues à opérer sur les doubles livrets des Caisses d'épargne.

CHASSE

L. 3 août 1882.

L. N. 1882-2-161. — D. P. 1882-4-122. — S. 1883-414. — *J. off.* du 4.
Relative à la destruction des loups.

D. 28 novembre 1882.

L. N. 1882-2-223. — D. P. 1883-4-79. — S. 1883-415. — *J. off.* du 29.
Applicat. du texte précédent.

D. 24 février 1897.

L. N. 1897-3-72. — P. F. 1898-3-72. — *J. off.* du 25.
Transférant au Ministre de l'Agricult. les attributions exercées par le Minist. de l'intér. concernant la police de la chasse.

L. 16 février 1898.

L. N. 1898-3-37. — D. P. 1898-4-29. — S. 1898-537. — P. F. 1898-3-65. — G. P. 1898-1-2. — *J. off.* du 22. — V. Commentaire *Lois nouv.* 1898-1-363.
Modif. l'art. 3 de la L. 3 mai 1844 sur la police de la chasse (Pouvoirs des Préfets).

D. 9 décembre 1899.

D. P. 1901-4-97. — S. 1901-228. — *J. off.* du 21.
Détermin. le modèle des permis de chasse.

Note 9 février 1900.

P. F. 1901-3-37. — *J. off.* du 9.
Du ministère de l'agriculture. Formalités d'obtention d'une autor. pour le transport du gibier destiné au repeuplement.

C. 15 mars 1901.

L. N. 1901-3-121.
Du min. just. rel. à la chasse et à la répression des infractions.

L. 19 avril 1901.

L. N. 1901-3-105. — D. P. 1901-4-68. — S. 1901-89. — P. F. 1902-3-135. — G. P. 1901-1-14. — *J. off.* du 21. — V. Commentaire *Lois nouv.* 1901-1-337.
Relative à la réparation des dommage causés aux récoltes par le gibier.

C. 19 mai 1899.

L. N. 1899-3-144.
Sur l'applicat. dudit texte.

D. 13 novembre 1899.

L. N. 1899-3-227. — S. 1900-988. — *J. off.* du 15.
Réglant l'allocation due aux huissiers relativem. à l'application de ce texte.

L. 11 mai 1900.

L. N. 1900-3-204. — D. P. 1900-4-47. — S. 1900-1053. — G. P. 1900-1-2. — *J. off.* du 13.
Modif. l'art. 69 C. pr. civ., §§ 9 et 10.

L. 8 juillet 1900.
D. 30 juillet 1900.

L. N. 1900-3-246 et 262. — D. P. 1900-4-50. — P. F. 1900-3-138 et 1901-3-149. — *J. off.* des 11 juillet et 1er août 1900. — V. Commentaire *Lois nouv.* 1900-1-321.
Approuv. et promulg. la Convent. franco-belge du 8 juill. 1899 sur la compétence judiciaire, l'autorité et l'exécution des décisions, sentences et actes authentiques des deux pays.

D. 3 décembre 1900.

L. N. 1901-3-1. — D. P. 1900-4-80. — S. 1901-200. — *J. off.* du 5.
Portant approbation et public. de la Convention franco-belge signée à Paris le 16 novembre 1900, concernant la transmission des actes judiciaires et extra-jud. en mat. civ. et de comm.

A. 4 décembre 1900.

L. N. 1900-3-336. — *J. off.* du 5.
Instituant une commission chargée d'examiner les modifications à apporter aux tarifs des frais et dépens en matière civile et nommant les membres de cette commission.

L. 2 janvier 1902.

L. N. 1902-3-14. — D. P. 1902-4-26. — S. 1902-329. — P. F. 1902-3-191. — G. P. 1902-1-857. — *J. off.* du 3. — V. Commentaire *Lois nouv.* 1902-1-262.
Rel. à la compétence en matière d'assurances.

CODE DE PROCÉDURE CIVILE 3

Note janvier-février 1902.

L. N. 1902-3-198.

Significat. d'actes jud. à des personnes domiciliées aux colonies ; applicat. de l'art. 69 C. pr. civ., modifié par la L. 11 mai 1900.

Ar. 11 avril 1902.

L. N. 1902-3-176. — *J. off.* du 12.

Du Garde des sceaux, instit. une commission pr. rech. les simplificat. pouv. être apportées aux actes de procédure et de justice.

CODE D'INSTRUCTION CRIMINELLE 3

C. 14 novembre 1901.

L. N. 1901-3-335.
Du Proc. gén. près la Cour de Paris. — Renseign. de police.

C. 18 novembre 1901.

L. N. 1901-3-335.
Du même. — Rappel. l'oblig. pour le minist. pub. d'exposer chaque affaire appelée devant le trib. pol. cor.

C. 31 juillet 1902.

L. N. 1902-3-361.
Du min. int. aux préfets. — Agents de police judiciaire; renseignem. à fournir aux parquets sur les prévenus (affaires correctionnelles).

Lettre 15 septembre 1902.

L N. 1902-3-356.
Rapports des parquets avec la gendarmerie (demandes de renseignements; extractions de prisonniers, etc.). (Lettre de l'inspecteur général de la gendarmerie au procureur général de la Seine).

CODE PÉNAL 2

V. aussi : Circonstances atténuantes.

L. 18 décembre 1893.

L. N. 1894-3-15. — D. P. 1894-4-13. — S. 1894-656. — P. F. 1895-3-53. — *J. off.* du 19. — V. Commentaire *Lois nouv.* 1894-1-265.
Modif. et complét. l'art. 3 de la L. 19 juin 1871 sur les explosifs.

L. 18 décembre 1893.

L. N. 1894-3-15. — D. P. 1894-4-11. — S. 1894-653. — P. F. 1895-3-51. — *J. off.* du 19. — V. Commentaire *Lois nouv.* 1894-1-265.
Modif. les art. 265, 266 et 267 C. pén., et abrogeant l'art. 268 (sur les associations de malfaiteurs).

C. 23 décembre 1893.

L. N. 1894-3-16. — D. P. 1894-4-14. — P. F. 1895-3-35.
Sur l'application des lois de sécurité publiq.

L. 28 décembre 1894.

L. N. 1895-3-20. — D. P. 1895-4-34. — S. 1895-897. — P. F. 1895-3-139. — *J. off.* du 30.
Abrog. les art. 226 et 227 C. pén. (outrages envers les dépositaires de la force publique).

D. 29 mai 1895.

D. P. 1896-4-68. — S. 1895-1145. — *J. off.* du 1er juin.
Approuv. l'arrêté pris le 30 janv. 1895 par le gouvern. de la Guyane relativem. au D. 22 septembre 1893 (évasion, visite des navires quittant la colonie, pénalités).

C. 2 mai 1899.

L. N. 1899-3-55. — *J. off.* du 3.
Sur la répress. du vagabondage et de la mendicité.

C. 12 septembre 1901.

P. F. 1902-3-13. — G. P. 1902-2-751. — *J. off.* du 17.
Du Garde des sceaux, rel. aux recours en grâce.

L. 21 novembre 1901.

L. N. 1901-3-332. — D. P. 1902-4-17. — S. 1902-393. — G. P. 1901-2-752. — *J. off.* du 22.
Modif. les art. 300 et 302 C. pén. (infanticide).

L. 5 décembre 1901.

L. N. 1901-3-336. — D. P. 1902-4-19. — S. 1902-385. — P. F. 1901-3-135. — G. P. 1902-1-856. — *J. off.* du 6.
Portant adjonction à l'art. 357 C. pén. (enlèv. et détourn. de mineurs).

COLIS POSTAUX 4

D. 28 mars 1901.

P. F. 1901-3-93. — *J. off.* du 4 avril.
Ouv. le bureau franç. de Shanghaï au service des colis postaux avec déclarat. de valeurs.

D. 9 mai 1901.

P. F. 1901-3-151. — *J. off.* des 17-18 mai 1901.
Relat. à l'extension du service des colis postaux en Turquie.

D. 7 décembre 1901.

P. F. 1902-3-110. — *J. off.* du 14.
Extension de l'échange des colis postaux de 5 à 10 kilogs avec les bureaux français établis en Turquie, et les agences au Maroc et à Tripoli.

2° D. 7 décembre 1901.

P. F. 1902-3-127. — *J. off.* du 14.
Id. Relations de la Corse et de l'Algérie avec la Belgique, le Luxembourg et la Suisse.

D. 5 mars 1902.

P. F. 1902-3-91. — *J. off.* du 13.
Service des colis postaux de 5 à 10 kilogs aux bureaux franç. de Shanghaï et Zanzibar.

D. 3 mai 1902.

P. F. 1902-3-151. — *J. off.* du 13.
Extension : 1° du service des colis postaux de 5 à 10 kilogs aux colonies de la côte occident. d'Afrique ; des mêmes, valeur déclarée, au Sénégal et à la Guinée française.

D. 14 juin 1902.

P. F. 1902-3-160. — *J. off.* du 18.
Admettant les colis postaux de valeur déclarée ds. les relations avec la col. Néerlandaise de Curaçao.

D. 21 juin 1902.

P. F. 1902-3-175. — *J. off.* du 5 juillet.
Taxe d'affranchissem. des colis postaux à destinat. des colon. franç. de la côte occidentale d'Afrique.

D. 21 juin 1902.

P. F. 1902-3-183. — *J. off.* du 4 juillet.
Etendant aux colonies de l'Inde franç. et de l'Indo-Chine : 1° le service des colis postaux de 5 à 10 kilogs ; 2° celui des colis de valeurs déclarées ; 3° et des colis grevés de remboursem.

D. 1er mai 1902.

L. N. 1902-3-262. — *J. off.* du 8 juillet.
Portant modificat. à l'organisat. judic. des îles Saint-Pierre et Miquelon.

D. 13 mai 1902.

L. N. 1902-3-214. — P. F. 1902-3-152. — *J. off.* du 18.
Promulg. à la Guyane franç. div. lois métropolitaines.

D. 31 mai 1902.

P. F. 1902-3-180. — *J. off.* du 9 juin.
Organis. la propriété foncière aux îles Marquises.

D. 3 juin 1902 (3 textes).

L. N. 1902-3-242-243. — *J. off.* du 7 juin.
1° Modif. l'assiette de l'octroi de mer à la Guadeloupe.
2° Modif. l'assiette de l'octroi de mer à la Martinique (tabacs).
3° Modif. le D. 18 juillet 1876 (circul. et vente des vanilles à la Guadeloupe.)

D. 3 juin 1902.

L. N. 1902-3-243. — *J. off.* du 15 juin.
Modif., pr. La Martinique, certains articles du D. 22 sept. 1890 (frais de justice criminelle, correct. et de simple pol.).

D. 5 juillet 1902.

L. N. 1902-3-265. — P. F. 1902-3-186. — *J. off.* du 6.
Portant organisat. nouvelle de la colonie du Congo français.

D. 6 août 1902.

L. N. 1902-3-334. — *J. off.* du 13 août.
Appliq. à la Guadeloupe l'art. 35, L. 10 août 1871 sur les conseils généraux.

D. 6 septembre 1902.

L. N. 1902-3-356. — *J. off.* du 21 septembre.
Déclarant non applicab. aux colonies les disposit. du § 4 de l'art. 20, L. 1er avril 1898 sur les soc. de secours mutuels.

D. 26 octobre 1902.

L. N. 1902-3-379. — *J. off.* du 6 novembre.
Portant modificat. au § 1er de l'art. 29, D. 22 juillet 1894 (organisat. de la justice au Dahomey).

2e D. 26 octobre 1902.

L. N. 1902-3-379. — *J. off.* du 6 novembre.
Appliq. à la Nouvelle-Calédonie la L. 1er août 1893 sur les sociétés par actions.

C. 14 novembre 1901.

S. 1902-290.

Du min. int., sur la nécessité de surveill. le recrutem. du Clergé paroissial, en présence de la sécularisation possible des membres de congrégat. d'hommes non autor.

C. 5 décembre 1901.

S. 1902-291.

Sur l'autorisation des établissem. qui dépendent de congrégat. autorisées.

Instr. 14 décembre 1901.
Instr. 27 décembre 1901.

L. N. 1902-3-108-109.

Insertion des extraits de déclarations au *J. off.* et aux Recueils des actes admin. — Modèle de récépissé de déclaration.

D. 24 décembre 1901.

L. N. 1902-3-11. — G. P. 1902-1-856. — *J. off.* du 1er janvier 1902.

Modif. l'art. 1er, D. 1er février 1896 (procédure en matière de dons et legs aux établissem. publics et aux associations religieuses autorisées).

C. 10 mars 1902.

L. N. 1902-3-248.

Congrégat. relig. ; applicat. de la L. 1er juillet 1901 ; demandes d'autorisation ; renseignements demandés par les parquets ; avis de s'adresser aux préfets.

C. 20 juin 1902.

L. N. 1902-3-330.

Liquidation des biens ; frais de justice ; recouvrements ; greffiers ; états de liquidation.

C. 10 juillet 1902.

L. N. 1902-3-195.

Congrégations non autorisées ; frais de justice ; avances aux liquidateurs.

C. 19 juillet 1902.
C. 19 août 1902.

L. N. 1902-3-381.

Etablissem. ouverts sans autorisat. par une congrégation autorisée ; nullité des actes d'acquisition passés au nom de personnes interposées ; renseignements à fournir par les parquets.

CONGRÉGATIONS RELIGIEUSES 4

Avis 27 novembre 1902.

L. N. 1902-3-410.
Du conseil d'Etat, rel. à la transmission au Parlement des demandes d'autorisat. des congrégations religieuses.

D. 28 novembre 1902.

L. N. 1902-3-411. — *J. off.* du 29.
Modif. le D. 16 août 1901, portant réglem. d'admin. pub. pr. l'exécut. de la L. 1er juillet 1901.

L. 4 décembre 1902.

L. N. 1902-3-411. — *J. off.* du 5. — V. Commentaire *Lois nouv.* 1903-1-1.
Tendant à réprimer le fait d'ouverture ou de tenue sans autorisation d'un établissem. congréganiste.

DETTE PUBLIQUE 3

L. fin. 30 décembre 1900.

S. 1901-136. — *J. off.* du 31.
Art. 6 : Rente perpétuelle 3 0/0 ; annulation de 16.500.000 francs de rente 3 0/0.

L. 6 décembre 1901.

L. N. 1901-3-336. — D. P. 1902-4-20. — S. 1902-404. — *J. off.* du 7.
Emission de rentes 3 0/0 perpétuelles ; régularis. des dépenses de l'expédition de Chine.

L. 9 juillet 1902.

L. N. 1902-3-266. — *J. off.* du 10.
Portant autorisat. de rembourser ou de convertir en rente 3 0/0 les rentes 3 1/2 0/0 inscrites au grand livre de la dette publique.

D. 9 juillet 1902.

L. N. 1902-3-268. — *J. off.* du 10.
Rel. au remboursement ou à la conversion.

D. 9 octobre 1902.

L. N. 1902-3-363. — *J. off.* du 16.
Rel. à la conversion des rentes 3 1/2 0/0 en rentes 3 0/0.

L. 12 juillet 1902.

L. N. 1902-3-320. — *J. off.* du 17 juillet.
Modif. la législ. douanière rel. aux poivres importés d'Indo-Chine.

D. 6 septembre 1902.

L. N. 1902-3-355. — *J. off.* du 9 septembre.
Complétant le D. 10 décembre 1887 (admission temporaire en franchise des blés, froments étrangers pr. la fabricat. des biscuits de mer).

D. 28 septembre 1902.

L. N.1902-3-362. — *J. off.* du 1er octobre.
Approuv. et publiant l'arrangem. franco-luxembourgeois du 10 sept. 1902 (régularisat. du mouvem. des alcools et spiritueux à la frontière.)

D. 26 octobre 1902.

L. N. 1902-3-378. — *J. off.* du 31.
Fix. le poids minimum des expéditions de sucre vanillé présenté à la décharge des comptes d'admission temporaire de sucre.

ENFANTS 2

Pour tout ce qui concerne le travail des enfants (V. Travail).

C. 31 mai 1898.

L. N. 1898-3-211.
Mesures à provoquer de la part des Tribun. pr. faciliter l'amendement des mineurs de 16 ans traduits en justice.

C. 5 janvier 1900.

L. N. 1900-3-88.
Applicat. aux Enfants de l'Instruction, exclusion à leur égard de la procédure des flagrants délits.

C. 15 février 1900.

L. N. 1900-3-241.
Enfants moralem. abandonnés. Dépenses d'entretien. Fixation par le tribunal de la part contributive des parents.

D. 23 avril 1900.

D. P. 1902-4-16.
Effectif maximum des 1res classes des inspecteurs des enfants assistés.

C. 27 juillet 1901.

L. N. 1901-3-293.
Du min. int. — Protection des enfants du premier âge ; applic. de l'art. 8, L. 23 déc. 1874.

L. 21 novembre 1901.

L. N. 1901-3-332. — D. P. 1902-4-17. — S. 1902-393. — G. P. 1901-2-752. — *J. off.* du 22.
Modif. les art. 300 et 302 C. pén. (infanticide).

L. 5 décembre 1901.

L. N. 1901-3-336. — D. P. 1902-4-18. — S. 1902-385. — P. F. 1901-3-135. — G. P. 1901-2-752. — *J. off.* du 6.
Portant adjonction à l'art. 357 C. pén. (enlèv. et détourn. de mineurs).

HYGIÈNE PUBLIQUE 2

A. 11 décembre 1900.

P. F. 1901-3-47. — *J. off.* du 15.
Du min. com. — Instituant une commission d'hygiène industrielle, et nommant les membres de cette commission.

L. 15 février 1902.

L. N. 1902-3-77. — D. P. 1902-4-41. — S. 1902-345. — G. P. 1902-1-859. — *J. off.* du 19.
Rel. à la protection de la santé publique.

C. 10 mai 1902.
C. 19 juillet 1902.

L. N. 1902-3-359.
Du min. int. aux préfets ; applicat. de la loi ci-dessus.

JUSTICE MILITAIRE 3
(Armée de terre et de mer).

D. 19 septembre 1900.

P. F. 1900-3-120.
Organis. le corps des offic. d'admin. du service de just. milit.

D. 6 janvier 1901.

L. N. 1901-3-25.
Organisant provisoirem. le service de la just. militaire pour les troupes coloniales.

L. 2 avril 1901.

L. N. 1901-3-103. — D. P. 1901-4-76. — S. 1902-374. — P. F. 1901-3-94. — G. P. 1901-1-13. — *J. off.* du 4 avril 1901. — V. Commentaire *Lois nouv.* 1901-1-421.
Modifiant l'article 200 du Code de justice militaire.

L. 11 juin 1901.

L. N. 1901-3-161. — D. P. 1902-4-30. — S. 1902-375. — *J. off.* du 12 juin 1901.
Portant fixation d'une limite d'âge pour les sous-officiers du service de la justice militaire.

L. 19 juillet 1901.

L. N. 1901-3-205. — S. 1902-293. — P. F. 1901-3-153. — G. P. 1901-2-745. — *J. off.* du 21 juillet 1901. — V. Commentaire *Lois nouv.* 1901-1-461.
Rendant applic. l'art. 463 C. pén. (circ. attén.), à tous les crimes et délits réprimés par les Codes ci-dessus.

L. 31 juillet 1901.

L. N. 1901-3-237. — D. P. 1902-4-14. — S. 1902-378. — G. P. 1901-2-746. — V. Commentaire *Lois nouv.* 1902-1-377.
Rendant applicable l'art. 463 C. pén. et l'art. 1er L. 26 mars 1891, aux délits et contraventions en matière de pêche maritime et de navigation.

L. 31 juillet 1902.

L. N. 1902-3-346. — *J. off.* du 11 septembre 1902.
Portant modification du décret-loi disciplinaire et pénal du 24 mars 1852, pr. la marine marchande.

LÉGION D'HONNEUR 2

V. aussi : Décorations.

L. 27 décembre 1899.

P. F. 1900-3-86.
Modifiant le texte précéd.

L. 13 mars 1901.

S. 1902-368. — P. F. 1901-3-128. — *J. off.* du 14.
Modif. la L. 28 janvier 1897, sur les récompenses nationales en faveur des Français résidant à l'étranger.

D. 15 mars 1901.

P. F. 1901-3-54.
Rel. au tableau d'avancement et de concours pour la Légion d'honneur et la méd. militaire.

Note juillet-août 1902.

L. N. 1902-3-382.
Du min. just. — Notificat. des décisions disciplinaires ; emploi des huissiers au lieu de la voie administrative ; frais ; rappel d'instructions.

Militaire et Marchande.

V. Code de Commerce ; navigation.

D. 29 décembre 1901.

P. F. 1902-3-57. — *J. off.* du 31.

Cond. d'admiss. au commandem. des navires de comm. et à l'obtention des divers brevets.

L. 31 décembre 1901.

L. N. 1902-3-13. — D. P. 1902-4-23. — P. F. 1902-3-31. — *J. off.* du 3 janvier 1902.

Créat. d'un cadre d'off. de marine en résidence fixe.

L. 2 mars 1902.
D. 17 mars 1902.

L. N. 1902-3-156. — D. P. 1902-4-56. — S. 1902-405. — *J. off.* des 4 mars et 3 avril 1902.

Réglant le fonctionnement général du contrôle de l'admin. de la marine.

D. 17 mars 1902.

P. F. 1902-3-128. — *J. off.* du 20.

Régl. pr. le temps de guerre, les condit. d'admiss. et de séjour des bâtiments français et étrangers ds. les mouillages et ports français.

L. 27 mars 1902.

L. N. 1902-3-128. — D. P. 1902-4-93. — P. F. 1902-3-112. — *J. off.* du 29.

Modif. l'art. 8, L. 10 juin 1896 (organis. du corps des officiers de la marine).

L. fin. 30 mars 1902.

L. N. 1902-3-130. — D. P. 1902-4-60. — S. 1902-415. — P. F. 1902-3-70. — *J. off.* du 30.

Art. 43 : L'art. 10, L. 2 mars 1902, n'aura pas d'effet rétroactif.

Art. 81 : Exonér. ou réduis., en faveur des patrons propriétaires de bateaux se livrant à la petite navigation, les taxes ou retenues imposées par la L. 21 avril 1898 et autres textes.

L. 7 avril 1902.

L. N. 1902-3-166. — D. P. 1902-4-93. — P. F. 1902-3-113. — *J. off.* du 10.

Sur la marine marchande.

MARINE 13

Militaire et Marchande.

V. Code de Commerce; navigation.

L. 31 juillet 1902.

L. N. 1902-3-346. — *J. off.* du 11 septembre.
Portant modificat. du décret-loi disciplinaire et pénal du 24 mars 1852, pr. la marine marchande.

D. 9 septembre 1902.

L. N. 1902-3-383. — *J. off.* du 10.
Réglem. d'admin. publ. pr. l'applicat. de la L. 7 avril 1902 sur la marine marchande.

Ar. 9 septembre 1902.

L. N. 1902-3-409. — *J. off.* du 10.
Indiq. la liste des pièces non exigées pr. la liquidat. des primes acquises par les navires régis par la L. 30 janvier 1893 (exécut. de l'art. 93, D. 9 sept. 1902).

PONTS ET CHAUSSÉES

D. 18 juillet 1890.

L. N. 1890-3-263. — D. P. 1891-4-94. — *J. off.* du 27.
Organisat. de l'École nation. des Ponts et Chaussées.

D. 17 août 1893.

D. P. 1895-4-1. — S. 1894-891. — *J. off.* du 19.
Organisat. du personnel des agents infér. du service des Ponts et Chaussées.

D. 3 janvier 1894.

D. P. 1895-4-32. — S. 1895-921. — *J. off.* du 5.
Réorganisat. du personnel des commis des Ponts et Chaussées.

D. 19 décembre 1899.

S. 1901-231.
Modif. les art. 11 à 15, D. 18 juillet 1890, sur l'École nationale des Ponts.

D. 28 décembre 1899.

S. 1902-301. — P. F. 1901-3-83. — *J. off.* du 12 janvier 1900.
Supprim. le Conseil local départem. pr. la répartition des fonds affectés aux trav. d'entretien et réparat. ordin. dépendant des Ponts et Chaussées.

D. 3 juin 1902.

P. F. 1902-3-176. — *J. off.* du 19.
Tarif des essais et analyses effectués par le laboratoire d'essai de l'École nation. des Ponts.

POSTES 9

V. aussi Caisse d'épargne. — Colis postaux.

D. 7 mai 1902.

P. F. 1902-3-151. — *J. off.* du 13.

Rel. à l'échange des mandats-poste entre la France et la République de Libéria.

D. 29 mai 1902.

P. F. 1902-3-175. — *J. off.* du 3 juin.

Modif. le D. 26 juin 1878, régl. les conditions de la reprise du service des mandats-poste entre la France et les colonies.

D. 1er juillet 1902.

L. N. 1902-3-262. — P. F. 1902-3-192. — *J. off.* du 5 juillet.

Fixant, à partir du 1er août 1902, la mise à exécut. des disposit. des art. 23 et 25, L. fin. 30 mars 1902 (recouvrements postaux).

PRISONS

D. 22 octobre 1880.

D. P. 1881-4-109. — S. 1881-41.
Concernant le reliquat du pécule disponible des détenus au jour de la sortie des maisons centrales.

L. 25 décembre 1880.

D. P. 1881-4-53. — S. 1881-98.
Répression des crimes commis dans l'intérieur des prisons.

D. 3 janvier 1881.

D. P. 1882-4-15. — S. 1881-41.
Organisant le Cons. supér. des prisons.

D. 26 janvier 1882.

D. P. 1883-4-18. — S. 1883-440.
Fixant la composition du Cons. supér. des prisons.

D. 11 novembre 1885.

L. N. 1885-2-168. — D. P. 1886-4-75. — S. 1886-28.
Réglem. du service et du régime des prisons de courtes peines affectées à l'emprisonn. en commun.

L. 4 février 1893.

L. N. 1893-3-40. — D. P. 1893-4-48. — S. 1893-592. — P. F. 1894-3-45.
Réforme des prisons pour courtes peines.

D. 23 novembre 1893.

L. N. 1893 3-306. — D. P. 1895-4-7. — S. 1895-907. — P. F. 1894-3-52.
Fixant la portion revenant aux détenus dans les prisons départ. sur le produit de leur travail.

C. 15 février 1901.

L. N. 1901-3-181.
Du min. just. — Mode d'exécution des peines d'emprisonnement prononcées par les tribunaux de droit commun contre les militaires.

C. 25 mai 1901.

L. N. 1901-3-200.
Du min. int. — Emprisonnement cellulaire (demande d'); loi du 5 juin 1875.

C. 31 mai 1901.

L. N. 1901-3-182.
Du min. guerre. — Exécution des peines d'emprisonnement prononcées dans certains cas par des tribunaux de droit commun contre des militaires.

PROPRIÉTÉ LITTÉRAIRE, ARTISTIQUE ET INDUSTRIELLE

V. Traités internationaux.
V. aussi Marques de Fabrique.

L. 30 décembre 1899.

L. N. 1900-3-27. — S. 1900-1-157. — *J. off.* du 31.
Protection de la propr. industr. pr. les objets admis à l'Exposition universelle de 1900.

C. 1er décembre 1901.

P. F. 1902-3-110. — *J. off.* du 5.
Du min. instr. pub. — Conventions entre le syndicat de la Soc. des auteurs, compositeurs et éditeurs de musiq. et les Soc. orphéoniq.

L. 11 mars 1902.

L. N. 1902-3-115. — D. P. 1902-4-92. — S. 1902-405. — G. P. 1902-1-862. — *J. off.* du 14.
Etendant aux œuvres de sculpture l'applic. de la L. 19-24 juillet 1793.

Instr. 15 décembre 1901.

L. N. 1902-3-109.
Sociétés scolaires de secours mutuels ; états statistiques.

L. 3 février 1902.

L. N. 1902-3-72. — D. P. 1902-4-81. — P. F. 1902-3-138. — *J. off.* du 5.
Réglementant les Soc. de prévoyance (Châtelusiennes) à partage et à durée illimitée.

C. 15 mars 1902.

L. N. 1902-3-249.
Devoir des parquets de signaler aux autorités administratives les décisions de justice rel. aux Sociétés de secours mutuels.

D. 14 avril 1902.

L. N. 1902-3-190. — P. F. 1902-3-192. — *J. off.* du 23.
Modif. l'art. 2, D. 2 mai 1899 et l'art. 8, D. 13 juin 1899, portant règlement d'admin. pub. sur les élections au Conseil supér. des Soc. de sec. mutuels.

TÉLÉGRAPHES-TÉLÉPHONES 5

L. 24 juillet 1900.

D. P. 1900-4-85. — *J. off.* du 27.
Portant réorganis. de la télégraphie militaire.

L. 14 mars 1901.

P. F. 1901-3-80. -- *J. off.* du 16.
Approuv. l'arrangem. addit. à la Convention franco-britanniq. du 8 déc. 1882 (mandats-poste télégraphiques).

D. 7 mai 1901.
A. 8 mai 1901.

L. N. 1901-3-113. — S. 1901-235. — P. F. 1901-3-104. — *J. off.* du 13 mai.
Modifiant les taxes téléphoniq. et rendant applicab. les disposit. nouvelles.

D. 9 mai 1901.

P. F. 1901-3-150. — *J. off.* des 17-18 mai 1901.
Taxe des communicat. téléphoniq. entre la France et l'Allemagne.

D. 10 mai 1901.

P. F. 1901-3-150. — *J. off.* des 17-18 mai 1901.
Rel. au versement d'un cautionnement par les régisseurs du service des postes et télégr. de Paris.

D. 18 juin 1901.

S. 1902-408. — *J. off.* du 26.
Taxes télégraphiq. pr. les corresp. par câbles Oran-Tanger et Tourane-Amoy.

L. 17 décembre 1901.

S. 1902-408. — P. F. 1902-3-16. — *J. off.* du 25.
Taxe d'affranchissem. des correspondances pneumatiques.

TRAITÉS DE COMMERCE ET DE NAVIGATION 4

L. 5 février 1902.
D. 20 février 1902.

L. N. 1902-3-101 et 120. — *J. off.* du 16 et du 22.
Approuv. et promulg. la Convention comm. signée à Paris le 7 juin 1901, entre la France et la Répub. de Costa-Rica.

L. 12 février 1902 (3 textes).
D. 21-22 février 1902.

L. N. 1902-3-102, 118, 121. — P. F. 1902-3-63. — *J. off.* des 16, 22 et 23 février.
Approuvant et promulguant : 1° La convention commerc. franco-congolaise, signée à Bruxelles le 31 octobre 1901 ; 2° L'arrangem. commerc. signé à Londres le 27 juin 1901, entre la France et le Zanzibar ; 3° La convention commerc. franco-danoise rel. aux Antilles danoises, du 12 juin 1901.

L. 15 avril 1902.

L. N. 1902-3-191. — *J. off.* du 19.
Approuv. la Convention de commerce et de navigation signée le 30 mai 1898 entre la France et l'Equateur.

D. 16 octobre 1902.

L. N. 1902-3-364. — *J. off.* du 18.
Promulg. la Convention franco-suisse, rel. à la police de la navigat. sur le lac Léman, signée à Paris le 10 septembre 1902.

TRAITÉS INTERNATIONAUX 3

(Matières diverses).

L. 13 juillet 1897.
D. 6 septembre 1897.

S. 1898-439. — P. F. 1899-3-15.
Promulg. la convent. franco-belge du 4 mars 1897 (Caisse d'Épargne).

D. 11 février 1899.

L. N. 1899-3-13. — S. 1900-1171. — P. F. 1901-3-37.
Promulg. la convent. de Bruxelles du 4 févr. 1898 entre la France, l'Allemagne, la Belgique et les Pays-Bas, sur le jaugeage des bateaux de navigat. intérieure.

L. 7 juin 1900.
D. 8 juillet 1900.

S. 1901-47.
Approb. et promulg. de la convention intern. signée à Bruxelles le 8 juin 1899, pour la revision du régime des spiritueux en Afrique.

TRAITÉS INTERNATIONAUX 3

(Questions intéressant le Droit civil et la Procédure).
Pr. l'Assist. judic. et la Caution judicat. solvi : V. ces mots.

L. 8 juillet 1900.
D. 30 juillet 1900.

L. N. 1900-3-262. — D. P. 1900-4-50. — S. 1901-25. — P. F. 1900-3-138. — G. P. 1900-2-1. — *J. off.* du 1er août. — V. Commentaire *Lois nouv.* 1900-1-293.

Promulg. la convent. franco-belge du 8 juill. 1899 sur la compétence judiciaire, l'autorité et l'exécution des décisions, sentences arbitrales et actes authentiq. dans les deux pays.

D. 3 décembre 1900.

L. N. 1901-3-1. — S. 1901-48 et 200. — P. F. 1900-3-32. — *J. off.* du 5.

Portant approbation et public. de la déclaration signée à Paris le 16 novembre 1900, entre la France et la Belgique, concernant la transmission des actes judiciaires et extra-judiciaires en matière civile et commerciale.

C. 27 décembre 1900.

L. N. 1901-3-84.

Sur l'exécution de la convention ci-dessus.

D. 25 octobre 1902.

L. N. 1902-3-377. — *J. off.* du 28.

Portant approbat. et publicat. de la convention franco-belge signée à Paris le 17 octobre 1902, pr. la transmission des actes judiciaires et extra-judic. en mat. civile et commerc. (abrog. et remplace la convention ci-dessus).

D. 18 juillet 1902.

L. N. 1902-3-323. — *J. off.* du 19.
Réglem. l'emploi de la céruse dans les trav. de peinture en bâtiments.

D. 6 août 1902.

L. N. 1902-3-334. — *J. off.* du 12 août.
Modif. l'art. 4, D. 10 mars 1894 (hygiène et salubrité ds. les établissem. industr.).

C. 21 septembre 1902.

L. N. 1902-3-338. — *J. off.* du 29.
Du min. comm., sur l'applicat. du D. 28 mars 1902.

D. 5 août 1901.

L. N. 1901-3-210. — P. F. 1901-3-137. — G. P. 1901-2-746. — *J. off.* du 9 août 1901.

Réglem. d'admin. publ. pour l'application en Tunisie des L. L. 5 août 1899 et 11 juillet 1900 (casier judic. et réhabilitation de droit).

C. 23 août 1901.

L. N. 1902-3-181.

Du garde des sceaux ; exécution en Algérie et en Tunisie des décisions et mandats émanés des juridictions répressives françaises.

C. 29 mai 1902.

P. F. 1902-3-174. — *J. off.* du 4 juin.

Rel. à l'organisat. de la Trésorerie ds. la régence de Tunis.

Liste des fiches comprises dans le service de janvier 1903.

1. — Accidents 7.
2. — Agriculture 3 (*fiche créée*).
3. — Algérie 22.
4. — Algérie 23.
5. — Armée 18.
6. — Association (contrat d') 2.
7. — Assurance 2.
8. — Automobiles 2.
9. — Budget 6.
10. — Bureaux de bienfaisance.
11. — Caisses d'épargne 2.
12. — Caisses d'épargne 3 (*fiche créée*).
13. — Chasse.
14. — Code de procédure civile 2.
15. — Code de procédure civile 3 (*fiche créée*).
16. — Code d'instruction criminelle 3.
17. — Code pénal 2.
18. — Colis postaux 4.
19. — Colonies 29.
20. — Congrégations religieuses 3.
21. — Congrégations religieuses 4 (*fiche créée*).
22. — Dette publique 3.
23. — Douanes 6.
24. — Enfants 2.
25. — Hygiène publique 2.
26. — Justice militaire 3.
27. — Légion d'honneur 2
28. — Marine 12.
29. — Marine 13 (*fiche créée*).
30. — Ponts et chaussées.
31. — Postes 9.
32. — Prisons.
33. — Propriété littéraire, artistique, industrielle.
34. — Sociétés de secours mutuels 3.
35. — Télégraphes, téléphones 5.
36. — Traités de commerce et de navigation 4.
37. — Traités internationaux (droit civil et procédure). 3
38. — Traités internationaux (matières diverses 3.
39. — Travail 8.
40. — Tunisie 3.

AVIS IMPORTANT

L'on nous signale l'omission de fiches dans certains exemplaires de la Table. Le plus souvent les omissions n'existent pas, nos souscripteurs ne remarquant pas que, pour diminuer le nombre des fiches, nous avons cru devoir placer sur la même fiche un mot de renvoi, et, à la suite, un mot complet.

Exemple : le mot ORGANISATION JUDICIAIRE commence sur la fiche en tête de laquelle se trouve le mot de renvoi : OPÉRATIONS DE BOURSE ; de même que le mot SELS commence sur la fiche portant en tête le mot SÉCURITÉ PUBLIQUE.

D'autre part, nos abonnés comprendront que la manutention de deux millions de fiches a pu déterminer au début certaines erreurs qui, depuis, ont été réparées, grâce à une revision très complète.

La même observation peut être faite en ce qui concerne les textes qui tous se trouvent dans la Table, mais parfois sous des mots autres que ceux où on les cherche. L'index alphabétique a pour but de remédier à cet inconvénient et de faciliter les recherches. Néanmoins nous prions toujours instamment tous nos abonnés de bien vouloir nous signaler toutes les erreurs ou lacunes qu'ils constateront dans la Table perpétuelle. Notre système de fiches permet, en effet, de réparer aisément toutes les erreurs ou omissions.

Le Gérant : TH. MARTIN.

Niort. — Imp. MARTIN et BOURGNET.

www.ingramcontent.com/pod-product-compliance
Ingram Content Group UK Ltd.
Pitfield, Milton Keynes, MK11 3LW, UK
UKHW022116260726
13993UKWH00003B/1053